DEUSES NO EXÍLIO

J. J. VAN DER LEEUW

DEUSES NO EXÍLIO

Editora Teosófica
Brasília / DF

The Theosophical Publishing House
Adyar, Madras, Índia, 600020

EDITORA TEOSÓFICA
SGAS Quadra 603, Conj. E s/nº
70.200-630 – Brasília-DF – Brasil
Tel.: (61) 3322.7843
Fax: (61) 3226.3703
E-mail: editorateosofica@editorateosofica.com.br
Site: www.editorateosofica.com.br

Leeuw, J. J. Van Der
L477
Deuses no exílio / J.J.Van Der Leeuw
Tradução: Joaquim Gervásio de Figueiredo.-1.ed.- Brasília:
Editora Teosófica, 2013.

Tradução de: Gods in exile
ISBN 978-85-7922-067-8

1. Teosofia
II. Título

CDD 212

Revisão: Solimeire Lula de Oliveira / Herbert Andreas Welker
Capa: Chico Régis
Diagramação: Paulo de Tarso Soares Silva
Impressão: Grafika Papel e Cores
E-mail: papelecores@gmail.com

A meu Instrutor, o Reverendíssimo
C.W. LEADBEATER,
em gratidão pela ajuda recebida.

Sumário

Prólogo

As páginas seguintes estão baseadas num despertar da consciência do Ego que experimentei há pouco tempo. Trouxe um conhecimento que, embora surgido num só instante, tomou muitos dias para ser inteiramente compreendido e muitas páginas para ser descrito.

J. J. van der Leeuw

CAPÍTULO I

O DRAMA DA ALMA NO EXÍLIO

A Senda do Ocultismo é frequentemente chamada *Senda da Aflição.*

Não há motivo para chamá-la de *Senda da Aflição* mais do que de *Senda de Júbilo.* O mesmo feito que signifique sofrimento para nossa natureza inferior será de contentamento para nosso Ser Superior; e dependendo do ponto de vista do qual o considerarmos, nossa experiência será de aflição ou de júbilo. O objetivo imediato da Senda do Ocultismo é a união do que comumente chamamos *eu inferior* com o Eu Superior; e essa união se efetua na primeira das grandes Iniciações[1].

1 *Iniciação* é o ato de iniciar ou comunicar a um profano os primeiros conhecimentos da Ciência Esotérica. Na Antiguidade, era a cerimônia que admitia um candidato aos Mistérios ou doutrinas esotéricas ou, ainda, à Vida Mística, que os Hierofantes ensinavam aos dignos de recebê-los. Mas na Filosofia Esotérica se chama *Iniciação* não a um ritual simbólico no plano físico, mas a cada um dos cinco graus de expansão da consciência ou etapas da Senda nos planos sutis, que conduz o candidato à "plena medida da estatura de Cristo", na expressão do Apóstolo São Paulo (Efésios, IV, 13) ou de um Mestre de Compaixão e Sabedoria. São representados nos evangelhos cristãos pelo Nascimento, Batismo, Transfiguração, Ressurreição e Ascensão de Cristo, os quais se desenvolvem no Eu Superior ou interno. (N. T.)

Desde a ocorrência da Individualização[2], não há evento mais importante na história da Alma humana do que a Iniciação.

Como a palavra indica, é um novo começo, o início de uma nova vida, da vida consciente em nosso verdadeiro Ser ou Ego.

O DESPERTAR DA ALMA

Durante sua peregrinação pela matéria, o homem se identifica totalmente com seus corpos – obedecendo inteiramente a seus ditames, com esquecimento de sua verdadeira e divina natureza; ele não sofre, porém se satisfaz à maneira dos animais. O sofrimento principia somente quando a Alma, em seu cárcere terreno, começa a se recordar do Lar divino do qual vive exilada; quando, através do amor, da beleza ou da verdade, se desperta a consciência quanto a sua verdadeira natureza.

Estamos, como Prometeu, acorrentados à rocha da matéria. Mas até que tenhamos consciência do que verdadeiramente somos, não percebemos estar prisioneiros e exilados. Assim viveria quem, exilado de sua pátria ainda nos dias de sua juventude, houvesse permanecido muitos anos entre estrangeiros, recordando com amargura em meio às misérias e privações de seu exílio que houve tempo em que se percebia em ambiente diferente. Mas um dia, talvez, ouça um canto conhecido naquela juventude, e em súbita agonia recorde tudo o que perdeu, reconhecendo em meio à dor que é um exilado, longe de tudo a que tinha apreço. Essas memórias ressuscitam o anelo da terra natal; e esse anseio adquire maior intensidade que nunca. Somente então começam o sofrimento e a luta – sofrimento, por saber o que perdeu; luta, numa tentativa de recuperar aquilo que já possuíra.

2 *Individualização* é a passagem da alma animal para o estágio humano, a partir da evolução da Centelha Divina. Tal processo ocorre com os animais domésticos quando, impelidos pela poderosa corrente evolutiva, desprendem-se da alma-grupo do reino animal e passam a ser almas individualizadas no reino humano. Para mais detalhes, leia-se *A Vida Interna,* de C. W. Leadbeater, Ed. Teosófica, Brasília. (N. T.)

De maneira análoga, o despertar da Alma no curso da evolução humana traz não apenas júbilo, mas também sofrimento nesse processo. Enquanto o homem vivia a vida animal de seus corpos, ele conhecia um tipo de contentamento; mas com a recordação de sua verdadeira natureza, com a visão do mundo a que realmente pertence, nasce a milenar luta em que trata de se libertar do enredamento aos mundos da matéria, criado por ele próprio ao identificar-se com seus corpos.

Até esse momento, ele não era consciente de seus corpos como uma limitação. Então, esses se tornaram para ele como a abrasadora túnica de Nesso[3], aderindo-se a ele quanto mais ele tenta livrar-se de seu contato. De agora em diante, reconhece-se como duas entidades numa só. É consciente de um Ser interno, superior e divino, que o incita a voltar a seu Lar divino; e de uma natureza animal inferior, que é sua consciência atada aos corpos e por eles dominada.

A LUTA MORAL NO HOMEM

Não há na vida humana problema mais árduo nem dificuldade maior que o reconhecimento de sermos duas entidades numa só. Assim padece São Paulo na luta da lei de seus membros [ou veículos] contra a lei do espírito, e angustioso exclama:

---

3 Na Mitologia Grega, Nesso era um centauro que, para vingar-se de Hércules, tenta roubar-lhe a esposa, Dejanira; mas ao ser atingido pela flecha envenenada do próprio Hércules, antes de morrer deixa com Dejanira sua túnica manchada do sangue envenenado, dizendo-lhe que teria dons mágicos para que ela reconquistasse Hércules, se este viesse em qualquer tempo a abandoná-la. Mais tarde, Hércules apaixonou-se pela sedutora Iole, e se dispunha a desposá-la quando recebeu de Dejanira, como presente de núpcias, a túnica ensanguentada. Ao vesti-la, o veneno infiltrou-se-lhe no corpo; louco de dores, ele quis arrancá-la, mas o tecido achava-se de tal forma aderido às suas carnes que estas lhe saíam aos pedaços. Vendo-se perdido, o herói ateou uma fogueira e lançou-se às chamas. (N. E.)

> "Porque não faço o bem que quero, mas o mal que não quero, esse faço. Ora, se eu faço o que não quero, já não o faço eu, mas o pecado que habita em mim. De sorte que encontro em mim essa lei: que quando quero fazer o bem, o mal está comigo. Porque, segundo o homem interior, tenho prazer na lei de Deus; mas vejo nos meus membros outra lei, que batalha contra a lei do meu entendimento e me prende debaixo da lei do pecado, que está nos meus membros. Miserável homem que sou! Quem me livraria do corpo desta morte?" (Rom. VII: 19-24)

Mas talvez essa luta não esteja tão profundamente descrita como nas *Confissões* de Santo Agostinho, que diz:

> "Arrebatou-me a tua própria beleza e arrancou-me de ti o próprio peso, arrojando-me gemendo sobre estas coisas mais baixas, e o peso eram os hábitos de minha carne."[4]

E noutra passagem:

> "Os gozos desta minha vida, dos quais devo lamentar-me, estão em combate com minhas tristezas, nas quais deveria regozijar-me. Não sei para que lado se inclinará a vitória."[5]

É a perpétua experiência do homem na luta, com tanto acerto expressa por Goethe ao exclamar:

> "Ai de mim, duas almas habitam em meu peito!"

É a experiência de todo aspirante que se encontra na Senda do Ocultismo, e mesmo de todo ser humano que trate de viver com nobreza segundo os ditames de seu Eu superior, vê-se retardado ou impedido pelos desejos de seu eu inferior. Ninguém está livre dessa luta fundamental; de inumeráveis formas nos enfrenta essa hidra de múltiplas cabeças. E a vida de muitos aspirantes ao Ocultismo

4 Op. cit., VIII:17.

5 Idem, X, 28.

é uma tragédia por causa dessa luta interna, que não só ocasiona agudos sofrimentos e autodepreciação como também exaure os corpos, subtraindo-lhes vitalidade.

Há, na vida humana, algo mais difícil de suportar que ter a visão do Espírito e no momento seguinte negá-la na vida prática? Então, sentimos aquele menosprezo por nós mesmos que, segundo disse Hamlet, é "bebida mais amarga que sangue"; sentimos o desespero do repetido fracasso no propósito de viver como deveríamos.

Por maior que seja essa tragédia humana, o mais trágico dela é que é totalmente desnecessária, resultando de nossa ignorância quanto à atuação de nossa consciência.

A Ignorância é a Causa

A última coisa que o homem descobre é a si mesmo. É uma verdade singular, e contudo universal, a de que, no homem, a sede por conhecimento houvesse de começar pelo mais distante e terminar pelo mais próximo. O homem primitivo estudou o firmamento, mas somente o homem moderno começa a explorar os mistérios de sua própria Alma.

Os seres humanos, em sua maioria, são mistérios para si próprios; e muitos ainda não se apercebem da existência do enigma. Se perguntássemos ao homem comum o que ele é em realidade, como ser vivente; que lhe sucede quando sente, pensa e age; qual é a causa da luta entre o bem e o mal de que é consciente em seu interior, ele não só seria incapaz de responder, como o próprio questionamento lhe pareceria estranho e novo. No entanto, não é ainda mais estranho que os indivíduos caminhem pela vida arcando com todas as suas vicissitudes, passando pelos sofrimentos comuns a todos os homens, regozijando-se nos fugazes prazeres da vida, suportando sua incessante carga, e nunca perguntem por quê?

Se deparássemos com um homem viajando com muito incômodo e fadiga, e ao lhe perguntarmos para onde estaria indo nos respondesse que nunca lhe havia ocorrido pensar em tal coisa, certamente o qualificaríamos de insano. Não obstante, é exatamente o caso da maioria dos indivíduos na vida trivial – seguem caminho, desde o nascimento até a morte, trabalhando arduamente durante todo o exaustivo trajeto da vida, e nunca perguntam por quê; ou, se o fazem, formulam a questão em termos superficiais, sem realmente tratar de encontrar a resposta.

Mas em sua longa peregrinação, a cada Alma chega o tempo em que a vida se torna impossível a não ser que lhe conheça o motivo. É quando, desiludida do mundo circundante no qual o supremo contentamento jamais pode ser encontrado, a Alma abandona por um momento sua perseguição frenética por ilusões e, em total exaustão, aquieta-se silenciosa e solitária. É nesse momento que nasce em seu interior a consciência de um novo mundo; é assim que, tendo desviado seu foco da fascinação do mundo circundante, a Alma descobre a permanente realidade do mundo interior, o mundo do Ser. Então, e só então, são respondidas as questões acerca da vida; porém, como disse Emerson, a Alma nunca responde verbalmente, mas pelo próprio objeto procurado.

O Conhecimento de Nossa Verdadeira Natureza

Durante o período de luta, o questionamento a respeito da finalidade da vida e da própria natureza humana surge espontaneamente; as respostas que chegam, no entanto, não respondem às perguntas, mas as eliminam pela própria experiência da realidade. Portanto, com relação ao mistério humano em si, a resposta não é uma exposição intelectual da constituição do homem, porém a consciência de seu próprio Ser interno e, como consequência, a descoberta do mundo desse Ser. Quando, a partir de tal mundo, consideramos o problema da dualidade que experimentamos em nossa vida diária – de um Ser superior, de um lado, e de um eu inferior, de outro –, encontramos uma admirável verdade.

O homem é essencialmente divino; como filho de Deus, participa da natureza de seu Pai, de cuja Divindade partilha. Portanto, o verdadeiro Lar do homem é o mundo da Divindade, onde vivemos e nos movemos, e temos o nosso ser, "de eternidade a eternidade".

Em seu próprio mundo, o Ego humano tem suas atividades e desfruta uma vida de júbilo e esplendor, além de toda concepção terrena. Há, no entanto, uma experiência ou lição que ele não poderá aprender, para o que ele terá que transferir sua consciência aos mundos de manifestação externa, onde existe a multiplicidade e a antítese do Eu e do não Eu. Somente nesses mundos, e por meio de corpos constituídos de matéria a partir deles, pode o Ego conquistar autoconsciência, ou seja, consciência de si próprio como individualidade separada. No mundo divino, a verdadeira morada do Ego, não há distinção entre o Ser e o não Ser, pois que nele cada fragmento participa da consciência universal da totalidade. Por essa razão, nesse mundo, a autorrealização necessária ao Ego não poderá ser obtida. Tão só no trino universo de manifestação externa, constituído pela existência física, emocional e mental, achamos a dualidade de objeto e sujeito, fundamental à aquisição de autoconsciência. Portanto, é verdadeiramente para obtenção de conhecimento que o Ego coloca a si próprio nesses mundos externos e assume corpos da matéria desses mundos. Essa transferência da Alma aos mundos de trevas é simbolicamente descrita no Gênesis.

O Paraíso primitivo não é um estado que possa perdurar, por maiores que sejam a beleza e a harmonia. A Alma tem de comer da árvore do bem e do mal, da árvore do conhecimento, mesmo à custa do Paraíso. Uma vez experimentado o desejo de conhecer os mundos da matéria, reveste-se a Alma das "vestimentas de pele" ou corpos materiais, e tem então de viver sujeita às condições da existência material e "ganhar o pão com o suor de seu rosto".

A finalidade desse longo exílio é a redenção ou regeneração, que ocorre quando a Alma recobra o conhecimento de sua divindade essencial e Cristo nasce no coração do homem. Então o Paraíso é recuperado; agora, com plena consciência de si mesmo, o

Ego possui em seu Lar divino os frutos produzidos pela descida da Alma aos mundos da matéria.

O DRAMA DA ALMA

Podemos considerar as repetidas encarnações da Alma divina nos mundos de manifestação externa como uma atividade especial do Ego, com o determinado propósito de adquirir o conhecimento que só desse modo lhe é possível. A tragédia se dá com a descida da consciência divina aos três corpos – físico, emocional e mental –, a verdadeira queda do homem na matéria, que é a causa de todo o subsequente sofrimento na peregrinação da Alma. Assim é que o Ego, ao infundir uma porção de si mesmo em cada um dos três corpos, identifica-se com o corpo em que se infunde; e, por essa identificação, percebe a si próprio como sendo o corpo destinado a servir-lhe de instrumento.

Ao identificar-se com os seus veículos, a consciência encarnada já não compartilha da oniabarcante consciência do divino Ser a que pertence, mas participa da separatividade dos corpos e se converte numa entidade dissociada dos demais seres e oposta a eles, isto é, numa personalidade. É a velha lenda de Narciso, que ao contemplar sua imagem refletida na água do lago anseia por abraçá-la; e ao fazer tal tentativa, morre submerso na água. Assim a consciência encarnada está submersa no mar da matéria; e, ao identificar-se com os distintos corpos, separa-se do Ser a que pertence e já não se reconhece como o que verdadeiramente é: um filho de Deus.

Então começa a longa tragédia da Alma exilada, que se esquece de sua divina herança e se degrada na inconsciente submissão aos corpos que deveriam ser instrumentos de sua Vontade. É o antigo mito gnóstico de Sophia: a Alma divina exilada vive entre ladrões e salteadores que a humilham e maltratam, até que Cristo a redime e a restitui à sua divina morada.

Pode haver maior tragédia e mais profunda degradação que aquela onde a Alma divina, membro da suprema Nobreza, a própria Divindade, esteja sujeita às humilhações e indignidades de uma existência na qual, esquecida de sua alta categoria, consente em escravizar-se à matéria?

Às vezes, quando vemos a humanidade em seu pior aspecto, horrenda em sua odiosidade, discordante em seu desvio da Natureza, grosseira e brutal ou estúpida e frívola, nos apercebemos dessa intensa tragédia da Alma exilada e temos pungente consciência da degradação sofrida pelo imortal Ser interno.

UMA NECESSÁRIA MUDANÇA DE ATITUDE

Assim, pois, nossa consciência de sermos uma dualidade, um Eu superior interno e um eu inferior externo, está baseada na ignorância. Não somos duas entidades, senão uma só. Somos o Ser divino e nenhum outro. Seu mundo é nosso mundo, e sua vida é nossa vida. O que sucede é que, quando infundimos nossa consciência divina nos corpos através dos quais temos de adquirir certas experiências, nos identificamos com esses corpos e nos esquecemos do que realmente somos. Então, à consciência aprisionada, escravizada pelos três corpos, obediente a seus caprichos, chamamos de *eu inferior* ou *personalidade*.

Sentimos nossa voz interna, nossa verdadeira voz, como o chamamento do Eu Superior. E trava-se a penosa luta, nossa verdadeira crucificação, entre os dois, Ego e personalidade. Contudo, a maior parte desse sofrimento provém de nossa ignorância, e cessa quando compreendemos nossa genuína natureza, de que resulta uma completa mudança de atitude.

Para começar, nossa concepção acerca da dualidade de nossa natureza é errônea. Sempre consideramos a Alma, o Espírito, o Eu Superior, o Ego, ou a forma com que designamos nossa natureza superior, como algo ou alguém acima de nós; ao passo que nós próprios – a natureza inferior ou personalidade – existiríamos abaixo dela. E assim nos esforçamos por chegar até o alto, com o intento de conseguir algo essencialmente estranho a nós e, portanto, de difícil alcance. Costumamos, então, falar dos "tremendos esforços" para alcançar o Eu Superior; e noutras vezes falamos de inspiração ou conhecimento, de energia espiritual ou amor, como se o recebêssemos daquele Ser tão superior a nós aqui embaixo. Em ambos os casos cometemos o erro fundamental de nos identificar com o que não somos, e nessa atitude nos aproximamos de todo o problema.

A primeira condição para a realização espiritual é a certeza, sem sombra de dúvida, de que somos o Espírito ou Eu Superior. A segunda condição, tão essencial e relevante como a primeira, é a confiança em nossos próprios poderes como Ego e a coragem de empregá-los livremente. Em vez de considerar nosso estado habitual de consciência como natural e normal, e de olhar o Ego como se fosse um ser altíssimo a alcançar por esforços contínuos e extraordinários, devemos começar a ver nosso estado comum de consciência como anormal e não natural, e ver a vida do Espírito como nossa verdadeira vida, da qual nos mantemos continuamente afastados.

O Estado Anormal de Separatividade

Dificilmente nos ocorre a ideia de refletirmos nos persistentes e excelsos esforços que todos temos de desenvolver para manter a ilusão de nossa personalidade separada. Durante todo o dia, temos que nos afirmar, defender nossa adorada individualidade de todo ataque, cuidar que não seja ignorada, desrespeitada, ofendida ou, de qualquer forma, que lhe seja negado o reconhecimento que sentimos lhe é devido. Além disso, em tudo que almejamos para nós mesmos, procuramos vigorizar nossa personalidade separada pela aquisição dos objetos desejados.

É através da identificação de nosso verdadeiro Ser espiritual com os corpos temporários pelos quais se manifesta que nasce a ilusão de nosso eu separado. É como se a consciência do verdadeiro Ser ou Ego fosse esticada para dentro dos corpos, e lá fosse presa e torcida de tal maneira a formar uma esfera separada de consciência, centrada em volta dos corpos a que está aderida. Esse, porém, não é um estado normal, mas essencialmente anormal e não natural. Do mesmo modo, poderíamos dizer que seria normal e natural esticar uma faixa de borracha por uma de suas pontas e aderir a superfície assim formada a um objeto fixo. Entretanto, essa aderência seria anômala, pois no momento em que separássemos a borracha do objeto, a faixa de borracha recobraria seu formato natural e harmonioso. De maneira similar, só necessitamos liberar nossa consciência dos corpos aos quais a aderimos. Precisamos apenas renunciar à ilusão de separatividade, que tão ternamente acariciamos de contínuo, para que a porção de consciência que constitui a personalidade separada se reintegre automaticamente ao Eu Superior, ao nosso verdadeiro Ser.

Muito se fala do esforço e da força necessários para alcançar a consciência espiritual; mas que consideração é dada à tensão e ao empenho necessários para manter a ilusão de separatividade? É verdade que nós nem percebemos que a mantemos; tornou-se uma segunda natureza para nós afirmar nossa personalidade à custa do que nos rodeia, para adquirir o que desejamos e conservar o que temos. E, em consequência, não nos apercebemos do gigantesco esforço necessário para essa autoafirmação e engrandecimento de nossa personalidade. No entanto, ele está lá.

Então, nos livramos, mediante um resoluto empenho da Vontade, da potente superstição que nos mantém escravizados aos mundos da matéria e nos impede de reconhecer o que verdadeiramente somos; e reconheçamos, asseguremos e mantenhamos nossa divindade. Não há orgulho nem separatividade nessa afirmação, já que a tônica desse mundo no qual entramos dessa forma, nosso verdadeiro mundo, é a unidade; e condições como vaidade e orgulho pessoal não podem existir em tal atmosfera. O orgulho é uma planta que só pode florescer nas regiões mais grosseiras dos mundos da matéria; e tudo isso necessariamente deixa de existir desde o momento em que entramos em nosso verdadeiro Lar.

Somente libertando nossa consciência da escravidão dos corpos, reconhecendo os poderes que todos temos como Ser divino ou Ego, e finalmente nos negando a envolver de novo na teia da existência material, é que poderemos alcançar aquilo a que nos propusemos – a libertação da dolorosa e esgotante luta entre o Eu Superior e o eu inferior, que envenena a vida de tantos fervorosos aspirantes; ou seja, afastando o inferior da Iniciação do Ser Superior.

AÇÕES, E NÃO PALAVRAS

De nada serve ler algo, reconhecer que é verdade, e estimar sua exatidão a distância. Para que a leitura nos seja proveitosa, terá que ser mais que um ensino teórico; terá que ser uma prática. E assim, nas páginas seguintes, trataremos de fazer o experimento não só de reconhecer que nossa verdadeira consciência é o Ego, mas de realmente desembaraçar essa consciência das limitações que a aprisionam e transportá-la, depois de livre, para o mundo do divino contentamento e liberdade a que pertence.

Já é quase uma banalidade dizer que aquilo que necessitamos em nossos tempos são obras e não palavras; no entanto, é uma profunda verdade que se tem de divulgar em livros e conferências, nos quais o escritor ou o orador não se limitem a escrever ou dizer o que possa ou não ser apreciado por seu público, mas que empreendam juntamente com seus leitores ou ouvintes uma expedição aos reinos do desconhecido, em que um conduza e os demais acompanhem, porém que todos caminhem por seu próprio impulso.

Assim, nossas palestras deveriam ser conferências de ação; e nossos livros, livros de ação; e os ouvintes e leitores deveriam experimentar em sua própria consciência o que ouvirem e lerem.

Procedamos dessa forma em nosso intento de nos conhecermos tal como verdadeiramente somos. Não devemos ler essas páginas objetivamente, como quem contempla um espetáculo externo, mas procurando nos identificar com o que é tratado e incorporando à nossa consciência aquilo que é lido.

CAPÍTULO II

O CAMINHO PARA O EGO[6]

Comecemos por pensar acerca de nós mesmos e vejamos o que nos vem à mente. Resultará que cada qual, naturalmente, pensará de si tal como aparece fisicamente, como se vê no espelho, com o rosto que lhe é familiar e chamando-se pelo nome que é seu no presente. Essa é a primeira ilusão que se tem de fazer desvanecer, pois enquanto pensarmos em nós crendo que somos o corpo físico, continuaremos identificados com esse corpo; e isso é precisamente o que não devemos fazer.

Ao identificar-nos com o corpo físico ou com a sua contraparte sutil, o corpo etérico, nos escravizamos aos seus desejos e condições de existência. Por conseguinte, nosso corpo físico irá se contrapor a qualquer alteração nas circunstâncias a que está sujeito e seguirá seu próprio caminho, em vez do nosso. O resultado será debilidade, má saúde e certa indolência ou embotamento do corpo, que o incapacita de responder ao Ser interior.

6 *Ego, Eu Superior* ou *Alma humana* são sinônimos que se referem a *Ātma-Buddhi-Manas* ou Alma humana reencarnante, conforme menciona Helena Petrovna Blavatsky em *A Chave para a Teosofia* (Ed. Teosófica, Brasília, 1991).

A MUDANÇA NO CORPO FÍSICO

Tudo muda quando vencemos a ilusão de que somos o corpo físico e passamos a vê-lo tal qual ele é, como nosso servo ou instrumento no mundo físico. Devemos inverter, por assim dizer, a polaridade da relação: em vez de o mundo físico nos dominar por meio do corpo físico com o qual nos identificamos, devemos controlar o mundo físico por meio do corpo físico que tenhamos feito subserviente a nós. O centro de gravidade deve transladar-se do corpo físico para a nossa consciência; e devemos, por assim dizer, experimentar que retiramos dele o centro de nossa consciência e nos reconhecemos ocultos sob o corpo físico, atuando por meio dele, mas sem nos identificar com ele.

O efeito produzido por essa mudança de atitude com relação ao corpo físico é bastante profundo. Como a limalha de ferro se agrupa ao redor de um centro comum sob a ação de um ímã e se distribui pelas linhas de força do campo magnético assim formado, de maneira análoga as partículas dos corpos denso e etérico, em vez de estarem caótica e indefinidamente sujeitas a toda eventual influência do exterior, tornam-se submetidas à única influência dominante da Vontade. Devemos experimentar que assim sucede; devemos notar a mudança suscitada por nossa afirmação de que não somos o corpo, mas que o corpo é que é nosso. Devemos perceber, a partir de então, que a vitalidade interna nutre e dinamiza os corpos denso e etérico muito mais que a energia externa.

Toda essa mudança deve ser muito mais explorada que pensada e discutida. Devemos vivenciar que nosso corpo físico torna-se vibrante e sensível à consciência interior, sujeito às suas leis e condições, e não às do mundo físico circundante.

Temos que manter essa atitude em tudo que fizermos na vida diária. Devemos continuamente perceber que atuamos conscientemente por meio do corpo físico e que ele não mais atua por si próprio. Para tanto, devemos submetê-lo a hábitos regulares de alimentação, sono e exercício, de sorte que seja um instrumento perfeito. Se não disciplinarmos os músculos de nosso corpo por meio do exercício físico diário, não esperemos que ele seja resistente e responsivo, pois a saúde física depende muito mais disso do que é reconhecido na prática.

De maneira similar, devemos regular nossa alimentação de forma que seja possível ao corpo físico manter-se alerta e sensível. Em vez de comer qualquer coisa e de qualquer maneira, devemos ingerir tão somente os alimentos que o tornem um instrumento mais limpo, vigoroso e refinado para o nosso uso. E durante a refeição, devemos estar atentos ao que estamos fazendo – fornecendo nutrição ao corpo a partir do interior. Também isso é algo que temos de experimentar na prática, em lugar de tê-lo como uma abordagem intelectual. Devemos ter a percepção de comer conscientemente e de que, enquanto tomamos o alimento, construímos espiritualmente a estrutura do corpo. Os cristãos que reconheçam o valor dos Sacramentos compreendem o significado da Comunhão, e sabem também o modo específico no qual os elementos consagrados são consumidos. E exatamente da mesma maneira devemos tomar todo alimento, pois toda matéria está consagrada pela presença de Cristo, cuja Vida está em todas as coisas, embora sua Presença se manifeste plenamente no Corpo e no Sangue consagrados.

Desse e de muitos outros modos podemos contribuir para a mudança dos corpos denso e etérico – tal como os filósofos herméticos tão bem a conheciam como regeneração do corpo –, tornando-os instrumentos apropriados ao Ser interno. É uma verdadeira transmutação; e uma vez realizada, fica quebrado para sempre o domínio do corpo físico sobre nossa consciência, convertendo-o em instrumento bem sintonizado ao nosso uso.

A Mudança no Corpo Emocional

Quando mudamos nossa atitude a respeito do corpo físico, lhe retiramos o centro da consciência. É claro que não a retiramos inteiramente, porque senão ficaríamos adormecidos ou em estado de transe. Mas já não a temos no corpo físico; mantemos nossa consciência a um nível superior e atuamos por meio do corpo físico, o que é muito diferente.

Depois de assim proceder, temos que promover a mesma mudança realizada, com relação ao corpo físico, em nosso corpo astral ou emocional[7]. Novamente encontramos a mesma dificuldade. Geralmente consentimos que nosso corpo emocional pertença ao mundo emocional; permitimos que esse mundo defina nosso corpo emocional, e deixamos que desejos e emoções sejam formados em nosso corpo emocional por influências externas. Por certo, nem sempre somos conscientes disso, pois ainda não fazemos distinção entre o "eu" e o "não eu", com referência ao que chamamos mundos "interiores" – o mundo das emoções e o mundo dos pensamentos – e, em consequência, nos parece que as emoções e pensamentos "surgem de nosso interior", quando, em realidade, provêm de fora, ou pelo menos os excita o mundo exterior.

Visto pela clarividência, o resultado é que o corpo emocional oferece diversas manchas de cor irregularmente distribuídas, que se alteram facilmente por ação de influências externas. Devemos perceber nosso corpo emocional e considerá-lo como nosso veículo no mundo astral. Temos de submetê-lo firmemente ao domínio do Ego e efetuar nele a mesma mudança que levamos a cabo no corpo físico. Temos de vitalizar o corpo emocional a partir do interior, e enviar através dele as emoções que nos determinamos a ter.

Procuremos experimentar essa mudança em nós mesmos. Tentemos perceber nosso corpo astral livre de todos aqueles desejos mesquinhos e daquelas emoções que são tão perturbadoras, e determinemos quais as emoções que nós próprios – o Ser divino – havemos de consentir nesse corpo. Sintamos essas emoções e as

7 *Corpo emocional ou astral* é o veículo de nossos bons ou maus sentimentos, como o corpo físico o é de nossas boas ou más ações, e o corpo mental, de nossos bons ou maus pensamentos. Assim como podemos e devemos disciplinar o corpo físico para a prática exclusiva de boas ações e aquisição de bons hábitos e costumes, também podemos e devemos disciplinar nossos corpos emocional e mental para que só alimentem e exteriorizem elevados sentimentos e pensamentos. (N. T.)

irradiemos conscientemente. Inicialmente, sintamos amor; não o amor que deseja possuir, mas o amor que se expande livremente a todos os seres e a todas as coisas. Depois, sintamos devoção – devoção pelo Mestre, pela magna Obra, pelo mais elevado que possamos conceber – e enchamos nosso corpo emocional dessa devoção. Ainda, compadeçamo-nos dos que sofrem; sintamos que nosso coração transborda de piedade por quantos sofrem no vasto mundo. E, finalmente, busquemos aspiração espiritual; sintamo-nos intensamente inspirados pelo superior, e percebamos a verdadeira espiritualidade irradiando de nosso corpo emocional.

Em verdade, isso torna-se muito diverso quando o verdadeiro Ser determina quais sentimentos devem se manifestar e conscientemente deixa fluir essas elevadas emoções através do corpo astral. Em vez de o agitarem flutuantes e nebulosas emoções que mudam a cada momento, será um corpo radiante, que emite firmemente as emoções determinadas pelo Ego e que palpita ritmicamente sob os impulsos interiores.

Também à visão clarividente, muito diferente se torna assim o corpo emocional: em vez de turvas manchas de cor, nossas emoções se mostram claramente definidas e concentricamente ordenadas, irradiando vigorosamente do centro do corpo emocional. Dessa forma, nesse corpo se opera mudança análoga à efetuada no físico.

Nesse caso cabe ainda comparar a mudança operada à que se observa numa massa de limalha de ferro quando submetida à influência de um campo magnético. No corpo emocional modificado há uma vontade central, dominante e diretora, e consequentemente ele agora é vitalizado e definido pela Vontade interior. Já é nosso servo, e nenhuma agitação, emoção ou incitação vindas do exterior poderão despertar-lhe sentimentos ou desejos que já não consentimos. Já não é mais parte integrante do mundo astral circundante, mas apartou-se dele para se harmonizar com o Ser interno. Mudou a polaridade; é agora energizado a partir do interior, e irradia incessantemente emoções superiores em auxílio ao mundo.

Ao efetuar essa mudança no corpo emocional, teremos cumprido outra etapa na superação daquela dualidade entre o Eu superior e o eu inferior, a qual tanto nos atribulou no passado e que provinha de nossa ignorância em consentir que uma parte de nossa consciência fosse dominada pelos corpos. Retiramos o centro de consciência do corpo astral ao submetê-lo ao Ser interno; desembaraçamos, por assim dizer, a consciência do corpo em que estava enredada, e a conduzimos um passo mais próximo ao mundo a que pertence, ao mantermos assim o corpo astral vitalizado a partir do interior, mantendo-o nosso servo.

A MUDANÇA NO CORPO MENTAL

Consideremos agora o corpo mental e sua completa mudança.

Em certos aspectos, a mudança a ser buscada no corpo mental é a mais essencial de todas, porque nele estão nossas reais possibilidades de perigo, embora o desconheçamos.

Nunca agimos nem falamos sem que antes tenhamos pensado, sem antes haver concebido uma imagem, isto é, sem haver "imaginado" o que vamos fazer. Contudo, não atentamos para isso porque as operações da mente são tão rápidas – e nossa consciência é para nós um terreno tão desconhecido – que ignoramos o que ali sucede. Porém, mesmo antes de levantar a mão, pensamos nesse movimento, produzimos uma imagem dele; e como essa imagem é criadora, concretiza-se em ação.

O pensamento humano é a manifestação do Espírito Santo, o Deus Criador, cuja suprema Energia criadora se manifesta em nossa força mental, tornando-a uma espada de dois gumes, muito mais perigosa para quem desconhece o seu poder.

Ao pensar, geramos uma imagem no corpo mental, criamos uma forma e a preenchemos com a Energia divina criadora, que então se lançará em ação. Às vezes, necessita-se de certo número de repetidos pensamentos para que a carga de Energia criadora seja suficiente para trazer uma ação. Quando frequentemente repetidos, os pensamentos criam um hábito ou costume; e muitas vezes ficamos impotentes para resistir àquilo que nós mesmos criamos.

Nada disso representa perigo se nós determinamos nossas imagens mentais a partir do interior, se nós – o Ser divino – criamos as imagens com plena consciência. O perigo, o terrível perigo de toda a nossa vida, está em permitirmos a criação de imagens mentais por incitações externas, em tolerar que os estímulos do mundo exterior concebam imagens no corpo mental; em lançar a criadora matéria mental em formas de pensamentos que, carregadas de energia, terão necessariamente que ser descarregadas, concretizando-se em ação.

Nessa indisciplinada atividade do corpo mental está a causa de praticamente todas as nossas lutas internas e dificuldades espirituais. É a ignorância que permite o funcionamento desgovernado do instrumento, que deveria ser útil a nós e não se utilizar de nossa energia criadora. Quando consentimos que os estímulos do exterior motivem o corpo mental a produzir imagens, nos desnorteamos, e começa a luta.

O Perigo de Uma Imaginação Indisciplinada

Consideremos o caso de um homem que anseia por bebida. Ele conhece o sofrimento que a sua fraqueza lhe ocasiona; sabe que utiliza mal seu salário e deixa sua família à míngua; e, em seus momentos de lucidez, resolve abandonar aquele vício. Então ele passa por diante de uma taberna, vê sair e entrar gente, e talvez ainda sinta o odor de bebida. Até aquele momento, esteve livre da tentação e da consequente luta. Mas, que sucede agora? Naquela fração de segundo, se imagina bebendo – cria uma imagem mental; e por um momento vive e atua naquela forma mental como se, com efeito, usufruísse da bebida. Experimenta a possível satisfação de sua ânsia, mas em realidade não faz mais que intensificá-la, tornando a ação quase inevitável. Uma vez produzida a imagem, evoca tardiamente sua vontade dizendo: "Não quero fazer isso". Mas já é demasiado tarde, e a luta é praticamente em vão. Uma vez criada a imagem mental, segue-se geralmente a consumação da mesma em ação. Sem dúvida, às vezes, a imagem não é bastante vigorosa, e é possível repeli-la. Mas mesmo assim há luta, desgaste dos corpos e sofrimento como resultado. O melhor caminho é impedir que se forme a criadora imagem mental e intervir quando ainda seja eficaz a intervenção.

A imaginação indisciplinada causa sofrimentos mais graves do que se supõe. As inumeráveis ocasiões em que tantos não puderam dominar suas paixões, especialmente a luxúria, foram resultado de uma imaginação indisciplinada e não de uma vontade fraca. Pode-se sentir um forte desejo, mas é o pensamento criador que acarretará a ação.

A maioria das pessoas não dá importância a suas imaginações, devaneios ou pensamentos, e pensam que eles sejam inofensivos por não serem tangíveis ou visíveis à visão ordinária. Contudo, constituem o único perigo. A quem experimente um intenso desejo sexual, não haverá perigo em ver ou pensar no objeto de seu desejo, a menos que ao pensamento acompanhe a imagem mental de estar saciando seu apetite. O risco começa quando se imagina a si mesmo em ato de satisfação do desejo e quando se consente que o desejo fortaleça a imagem criada.

Um homem pode estar rodeado de objetos de desejo e, contudo, não experimentar perturbação nem dificuldade alguma, contanto que não permita que sua imaginação, seu poder mental criador, reaja a tais objetos. Nunca temos suficiente percepção de que os objetos de desejo não têm por si poder algum, a menos que nos permitamos reagir a eles, a menos que busquemos saciá-los em imagens criadoras. Mas, uma vez que o tenhamos feito, a luta sobrevém certamente. Consideramos o que pensamos como nossa vontade, e tentamos escapar dos resultados de nossa própria imaginação por meio de uma resistência frenética. Poucos compreenderam que a resistência agitada e ansiosa inspirada pelo medo é algo muito diferente da Vontade.

O EMPREGO DA VONTADE

Quando M. Coué, tratando do poder da imaginação ou do poder criador do pensamento, diz que na luta entre a imaginação e a vontade vence sempre a imaginação, está com a razão, contanto que por "vontade" tomemos essa resistência frenética e ansiosa, que para a maioria das pessoas é o substituto da verdadeira Vontade. Assim, quando aprendemos a andar de bicicleta e ao vermos uma árvore no meio do caminho nos precipitamos diretamente contra esse obstáculo, com risco de acidente, o erro provém da indisciplinada imaginação, pois formamos a temerosa imagem de que vamos nos chocar contra a árvore, representamos a nós mesmos no ato do choque, e vigorizamos a imagem pela emoção de temor. Então começamos a resistir à imagem. Mas essa relutância inquieta não merece o nome de "vontade". Ao contrário, essa resistência fortalece seguramente a imaginação, e mesmo ajuda a provocar o acidente que procuramos evitar. Mas se empregássemos a genuína Vontade, não consentiríamos absolutamente que a imaginação reagisse à árvore. Com efeito, ao ver a árvore e ao registrar calmamente sua existência, não temos de consentir que influa em nossa consciência, e sim, ao contrário, temos que manter nossa imaginação ocupada com o caminho claro e aberto que desejamos seguir. Então será como se a árvore não existisse para nós, e só veremos o caminho sem barreiras.

Antigo é o conto dos três arqueiros que apostaram qual deles poderia flechar um pássaro pousado numa árvore longínqua. O primeiro acertou na árvore e não no pássaro; o segundo apontou para o pássaro abstraindo-se da árvore e só feriu a avezinha; o terceiro, objetivando o pássaro (por certo devia ser um pássaro muito acomodado), não se preocupou nem com a árvore e nem com o pássaro, mas tão somente com sua intenção, e foi bem sucedido.

Tal é o real poder da Vontade, o poder de ver apenas o objeto que desejamos alcançar e nada mais. Se o bêbado de nosso exemplo houvesse empregado sua genuína Vontade, teria visto o único propósito de seguir o caminho de seu destino, e passar por uma taberna não lhe causaria qualquer luta ou tentação.

É pelo poder da verdadeira Vontade que podemos manter concentrada a imaginação no objetivo que nos tenhamos determinado alcançar. A função especial da Vontade não é fazer algo nem lutar contra alguma coisa, mas manter um propósito na consciência, com exclusão de tudo o mais.

O Corpo Mental – O Local Essencial

Assim, é no corpo mental que temos que nos empenhar; devemos nos recusar a permitir que quaisquer imagens sejam formadas em nosso corpo mental sem nosso consentimento, sem que nós mesmos – o Ser interno – o determinemos. Temos de varrer e limpar o corpo mental de toda espécie de formas de pensamentos, de imagens e de sequelas de pensamentos fúteis. Depois, façamos o mesmo que fizemos com os outros corpos, isto é, invertamos a polaridade, de modo que todas as partículas do corpo mental respondam e obedeçam à consciência interna e não se subordinem ao mundo circundante.

Também aqui a mudança é imediatamente percebida pela visão clarividente, e o corpo mental aparece então iluminado com a luz do Ser interno, como um objeto radiante, concordemente harmonizado com nossa genuína consciência manifestada.

Mas ainda isso não é o bastante, pois assim poderemos apenas impedir que o corpo mental nos prejudique e seja um obstáculo em nosso caminho, e nada mais. Devemos, além disso, converter o poder criador do pensamento numa definida força para o Bem, não somente de modo a que não nos cause danos, mas que nos beneficie. Isso significa que devemos criar e fortalecer com nossas emoções aquelas imagens mentais que desejarmos ver realizadas em nossa vida diária.

A perfeição é a meta de nosso caminho evolutivo não pelo propósito egoísta de sermos perfeitos, mas porque, através de nós, pode ser um pouco aliviada a carga do mundo. Em vez de nos imaginarmos – como o fazemos inconsciente e involuntariamente

– sendo e fazendo o que em verdade não queremos ser ou fazer, devemos nos imaginar como o homem perfeito que almejamos ser e que seremos um dia. Pensemos com toda a nossa energia mental em nós mesmos como sendo divinos em amor, divinos em vontade, divinos em pensamento, palavra e ação; e ocupemos todo o nosso corpo mental com essa imagem, vigorizando-a com emoções de júbilo e amor, de consagração e aspiração. Essa imagem também se realizará por si mesma. A mesma lei é válida para ela como para as importunas imagens mentais que tanto nos atribulam.

Quando houvermos dominado conscientemente o poder da imaginação, não seremos mais seus escravos, não mais seremos usados por ele; mas nós é que nos valeremos dele. O mesmo poder que era nosso inimigo tornou-se agora nosso aliado.

Não há limites para os diferentes modos em que o poder criativo da imaginação pode ser usado construtivamente, em substituição às formas destrutivas. Quando tornamos nosso corpo mental um instrumento obediente e dócil, podemos usar esse ilimitado poder não só em nossa conduta e ações diárias, mas na obra que estamos realizando e na maneira como recriamos a nós mesmos.

Agora, retiremos também do corpo mental o centro da consciência e o mantenhamos responsivo ao Ser interno, tal qual mantemos os corpos emocional e físico. Assim possuiremos em servidão os três corpos nos três mundos de ilusão. São os três cavalos que puxam nossa carruagem nos mundos inferiores; e o Eu Superior é o divino cocheiro, que não mais permite aos cavalos irem por onde lhes aprazer, senão por onde Ele os dirigir. O Ego desprendeu sua consciência do emaranhamento com os três corpos e a restituiu ao mundo a que verdadeiramente pertence, de onde pode valer-se deles como dóceis servos.

Capítulo III

O mundo do Ego

Quando a consciência se liberta dos três corpos em que estava aprisionada, reintegra-se naturalmente ao Ser que realmente é.

Assim é que temos de restituir ao Ego a consciência; mais ainda, tratar de reconhecer sem sombra de dúvida que somos o Ego, uma Alma divina que estava em exílio. Temos de transferir a consciência para o mundo a que pertence, entrar no mundo que é realmente nosso; então nos reconheceremos como sendo o divino Ser interno, em unidade com o divino de todas as coisas. Daí em diante, já não poderemos mais questionar se somos o Eu Superior ou o eu inferior, nem haverá a exaustiva luta entre os dois polos opostos de nossa natureza, pois já não haverá dois – a consciência aprisionada e exilada se restituiu à consciência original de que se desviou, e novamente o homem é uno; é o divino Ser interno que se vale conscientemente dos três corpos como de seus instrumentos, sem estar subordinado a eles.

Não busquemos reintegrar a consciência ao Ego tão somente em pensamento; não concordemos por mera intelectualidade que somos o Ego. Temos de fazê-lo em realidade: ser o Ego e viver em seu próprio mundo.

Se tivermos sucesso em desprender a consciência dos corpos, não haverá dificuldade em trazê-la de volta ao Ego, porque ela é realmente a consciência do Ego; e o mundo do Ego é nosso verdadeiro Lar.

Quando voltamos assim ao mundo do qual tanto tempo havíamos estado exilados, nossa primeira impressão é um predominante sentimento de júbilo e liberdade. Como quem estivesse preso por longos anos em um local onde os raios do Sol não pudessem penetrar e, ao sair livre, fosse ofuscado pela luz do exterior, assim nós, ao entrarmos em nosso próprio mundo após o longo exílio no cárcere da matéria, nos sentimos repletos da luz que nos rodeia e da libertação às limitações que nos restringiam. Aqui, nesse mundo, tudo é verdadeiramente luz e júbilo. O Ego em seu próprio mundo tem uma vida de tão incomparável bem-aventurança e graça que, mesmo que só vejamos aquele mundo uma única vez, já não voltaremos a cair vítimas do mundo de ilusão. Agora sabemos quem somos; vimos a nós mesmos em nossa divina beatitude no mundo que é nossa morada, e nenhum poder terreno será capaz de nos incitar a crer que somos os corpos. Quebrou-se o feitiço que nos fascinava, e pela primeira vez compreendemos a paz sem nenhuma luta.

É admirável quão simples se torna tudo subitamente quando entramos no mundo do Ego; e quão natural é, então, agir retamente. Nossa vida anterior se nos mostrava cheia de complicações, quase incompreensível em seus problemas. Uma vez que tenhamos nos atrevido a reconhecer o que verdadeiramente somos, cessa toda a luta, todo esforço é desnecessário; a vida se torna simples e natural, fluindo harmonicamente.

A VIDA DO EGO

Um dos fatos que mais nos surpreendem ao nos reconhecermos como Egos é que a vida em nosso próprio mundo supera e transcende tudo o que possamos chamar de vida nos mundos inferiores. Ainda aqueles que reconhecem que o ser terreno não é mais que uma manifestação temporária do divino Ser interno frequentemente incorrem no erro de considerar essa temporária manifestação como se fosse de suprema importância e de atraente interesse para o Eu divino. A realidade é muito diferente. O Ser que verdadeiramente somos tem uma vida própria, na qual a atividade subsidiária a que chamamos vida terrena não tem de modo algum a importância que lhe atribuímos. Quando nos tornamos conscientes de nós mesmos como Egos, simultaneamente nos despertamos às atividades nas quais os Egos estão engajados. Naturalmente, é muito difícil, senão impossível, dar qualquer ideia dessas atividades, da mesma forma que a existência do mundo físico, em nossa consciência de vigília, não terá nenhum significado para nós, a menos que seja descrita a partir da realidade desse mundo inferior.

Em seu próprio mundo, o Ego está sempre ativo na grande Obra da criação. Em companhia das hostes angélicas e de outros grandes seres, o Ego coopera na obra da construção do mundo, pela qual subsiste esse universo. A obra de Deus é criação; e o Ego, por ser divino, está ocupado com a mesma divina atividade criadora. Apenas a arte pode falar dessa genuína obra do homem divino; e, portanto, aos poetas e músicos temos de recorrer se quisermos compreender algo de nosso labor como Egos. Assim, em *Prometeu Acorrentado*[8], vemos algo da obra do Ego quando no "Coro de Espíritos e Horas" se canta:

Teçamos a tela de mística medida.
Dos abismos do céu e dos confins da terra,
Vinde, diligentes espíritos de potência e prazer,
Bailai a dança e música do júbilo,

8 Tragédia de Ésquilo. No *Glossário Teosófico* (Ed. Ground), Blavatsky esclarece: Prometeu rouba o fogo divino (a inteligência e a consciência) e o traz para a Terra para permitir que os homens procedam de modo consciente na senda da evolução espiritual. Por ter roubado do céu o fogo que trouxe aos homens, Prometeu foi acorrentado, por ordem de Zeus. Em *A Doutrina Secreta*, vol III (Ed. Pensamento), Blavatsky acrescenta: Prometeu é um símbolo e uma personificação de toda a humanidade no que se refere ao ocorrido em sua infância, ou seja, o "Batismo pelo Fogo", o que é um mistério dentro do grande Mistério de Prometeu. (N.E.)

Como águas de milhares de rios que desembocam
Num oceano de esplendor e harmonia!

E, mais adiante, canta o "Coro de Espíritos":

E nosso canto construirá,
No ilimitado campo do vazio,
Um mundo para ser governado pelo Espírito de Sabedoria.

Canto, música, som – eis as palavras mais bem apropriadas à ideia da obra do Ego em seu próprio mundo, ainda que, é claro, não haja nesse mundo nada daquilo que conhecemos por som na Terra. Mesmo que a obra em sua totalidade impressione como uma grande sinfonia, suas notas e acordes são seres viventes, entoando a música que é sua própria natureza, criadores por seu próprio poder. Também podemos representar a obra do Ego em seu próprio mundo como a textura de uma rede de luz, em que os seres viventes são como pontos radiantes conectados por linhas de luz. Mas nada pode dar ideia do puro contentamento, da inefável bem-aventurança que permeia o mundo do Ego, e da sensação de estar banhado em luz e em "beleza nunca vista". Há uma frase no *Velho Testamento* que diz que quando foi criado o mundo, "se regozijaram todos os filhos de Deus"; e essa expressão recorda um pouco o Ego, verdadeiro filho de Deus, cheio de contentamento em seu próprio mundo.

A obra em conjunto se assemelha a um potente ritual, a um cerimonioso hino de criação que mantém os mundos. E o que chamamos ritual no mundo terreno é como uma sombra do verdadeiro e magno ritual que todos bem conhecemos em nosso próprio e verdadeiro mundo. Por isso é que os rituais das grandes religiões do mundo e da Maçonaria nos recordam o mundo a que pertencemos. Nesses rituais, ouvimos débeis ecos e fragmentárias melodias do canto que sempre estamos entoando no mundo do Ego.

Nossa Vida Terrena

Quando, em estado de Egos conscientes, pensamos em nossa vida terrena, na vida que nos parece tão importante quando nos achamos em estado de simples consciência de vigília, essa vida terrena nos parece irreal, quase como um sonho, e certamente sem a importância que geralmente lhe atribuímos. Como Egos, consideramos a vida terrena tal qual uma tarefa que temos de executar, uma lição que deve ser aprendida e que talvez possa ser mais bem expressa como "autorrealização". É somente nesses mundos de matéria densa que há resistência e separatividade, necessárias para desenvolver o sentido de individualidade e da consciência do "eu", que é depois trazida de volta à Unidade superior.

Ao observarmos nossa vida terrena a partir do mundo do Ego, adquirimos maior equanimidade na existência que temos de viver na Terra, pois é uma profunda verdade que nada na vida terrena significa muito e que a maior parte dos eventos carece de importância. Quando uma vez tivermos nos reconhecido na plenitude de nossa glória como Egos, a vida terrena nos parecerá uma atividade subsidiária, à qual temos de lançar um pouco de nossa consciência, um pouco de nossa atenção, da mesma maneira que o estadista atarefado numa magna obra deve conceder uma pequena parte de sua atenção a alguma atividade pessoal secundária em que esteja interessado.

A Beleza do Ego

No mundo do Ego, não há formas e cores como conhecemos aqui, mas há algo que pode ser traduzido em termos de cor e forma. Assim, podemos falar da aparência do Ego, ainda que não se revele a nós como os objetos no mundo fenomênico. Portanto, não deve ser mal interpretado quando dizemos que o Ego se mostra em forma humana glorificada, e que nesse aspecto nos vemos como realmente somos. A forma humana em que ali nos vemos é também representativa de nosso verdadeiro tipo ou gênio, de nossa missão na magna Obra. Desse modo, um Ego que conheço apareceu como um jovem radiante, como um Apolo grego esculpido em reluzente mármore e, não obstante, imaterial, tendo a inspiração por sua característica básica. Outro Ego tinha a aparência da escultura de Demétrio no Museu Britânico: uma figura dignificada, serena e pacífica que, por assim dizer, pairava sobre o mundo, ao qual contribuía para nutrir e proteger. Portanto, cada Ego tem seu aspecto peculiar, radiante e formoso, que expressa sua missão ou temperamento.

Quando restituímos nossa consciência ao mundo do Ego e nos reconhecemos como tal, devemos procurar ver o aspecto que temos em nosso próprio mundo, e daí em diante pensar em nós mesmos unicamente dessa forma. Uma vez visto o que realmente somos, já não mais devemos nos permitir pensar em nós mesmos como a imagem que vemos quando nos contemplamos no espelho. Desde que reconheçamos que somos o divino Ser interno, não devemos nem por um momento ceder à velha ilusão de que somos o corpo físico e temos um Ser divino em algum plano superior. Desde então, fica invertida a posição. E ao falarmos de nós, falamos do radiante Ser que verdadeiramente somos, e não dos corpos através dos quais se manifesta temporariamente parte de nossa consciência.

Manter a Consciência do Ego

Por termos passado por eras de evolução, durante as quais estivemos satisfeitos em sofrer o exílio nas trevas do mundo exterior, resulta que, mesmo que tenhamos nos reconhecido como Egos por um curto tempo, haverá sempre a tendência para escorregarmos de volta aos antigos hábitos de identificação com os corpos.

Tal é o nosso erro frequente. Quando, durante a meditação ou o transcurso de alguma cerimônia, experimentamos um instante de grande elevação espiritual, dizemos depois para nós mesmos: "Quão agradável foi isso! Sinto que haja terminado." Não cometamos esse engano. Quando experimentamos algo sublime, quando nos reconhecemos como o divino Ser, digamos: "Isto é muito aprazível e há de subsistir em mim." Essa é a grande diferença. Nossa fraqueza está em, ao experimentarmos esses sublimes sentimentos, nós os deixarmos desvanecerem-se. Não devemos tolerar isso, mas nos rebelar dizendo: "Não permito que esse sentimento se desvaneça. Vou manter essa divina realização; Eu, o divino Ser, vou preservá-la." E isso é possível porque já foi realizado; e deve sê-lo. Todos realizaremos algum dia nossos poderes divinos, e aprenderemos a manter como uma permanente realidade a consciência que comumente só temos durante uns poucos minutos. Por que não começarmos desde já?

Se nos reconhecemos como Egos participantes da vida de divino contentamento e inefável felicidade, decidamos permanecer em tal estado. Não voltemos às trevas do exílio. Por que retornar àquela existência limitada em uma masmorra sombria, que é a vida da personalidade, quando podemos viver no fulgor da Vida divina? Por que não permanecer ali, atuar a partir dali, viver ali?

Capítulo IV

Os poderes do Ego

Uma vez firmada a convicção de que somos o Ego, devemos reconhecer os poderes que, como Egos, nos competem.

Antes de tudo, temos o amor do Ego, o poder da Unidade, o aspecto do Ego que em Teosofia denominamos *Buddhi*[9].

Parte do drama que se dá quando a consciência do Ego se infunde nos três corpos – e dela se apodera a consciência elemental[10] desses três corpos – consiste em que o Ego passa a se considerar um ser separado, seguindo dissociado de tudo que o rodeia.

9 *Buddhi*: termo sânscrito que significa Alma espiritual (o sexto princípio); o veículo do espírito universal puro. (*A Chave para a Teosofia*, de H. P. Blavatsky, Ed. Teosófica, Brasília) (N.E.)

10 *Consciência elemental:* o mesmo que o *subconsciente* da Psicologia e Psicanálise, as quais, no entanto, incluem indevidamente no *inconsciente* muitos fenômenos oriundos do *subconsciente.* Segundo a Filosofia Esotérica, cada um de nossos corpos – o físico, o emocional e o mental – tem sua consciência própria, inferior ou elemental, independente da consciência individual e superior, que a esse deve ou deveria estar normalmente subordinada. Na consciência elemental, ou no subconsciente, se radicam o instinto de autodefesa, autoconservação, autossegurança, como também os vícios, desejos, temores, desconfianças, etc. Nos seres pouco evoluídos espiritualmente, predomina a influência de sua consciência elemental; nos medianamente evoluídos, há luta constante entre ela e a consciência superior; e nos altamente evoluídos, predomina totalmente a influência de sua consciência superior. (N.T.)

No momento em que nos restituímos à consciência do Ego, se desvanece essa ilusão de separatividade e compreendemos o que é a Unidade. Então se opera o prodígio de ainda nos reconhecermos como seres individuais e ao mesmo tempo estarmos na vida de cada um de nossos pares, em todas as criaturas. Somos a vida das árvores, a vida das águas do mar, a vida das nuvens e do brilho do Sol, a vida de todas as coisas. Tal é o poder de amor do Ego, nossa realização da unidade nesse nível, e *a única força motriz na Senda da Perfeição.* Nem a vontade nem o pensamento nos impelem ao longo da Senda que conduz à União divina, mas unicamente o amor. O amor é a realização da Unidade, e quanto maior for a nossa autorrealização, mais sentiremos que podemos amar a todos os homens nossos irmãos, amar mesmo as árvores e rochas, e mais nos veremos impelidos para a união com a Vida divina, atraídos magneticamente para essa união.

Tentemos sentir esse poder do Ego em unir-se com todas as coisas; tentemos sentir nossa consciência dissolver-se na suprema Consciência até *tornar-se* essa Consciência universal.

Inicialmente, busquemos sentir que nossa consciência é parte da Consciência do Mestre, perdendo-nos inteiramente n'Ele. Não nos limitemos a contemplar essa unidade com o Mestre, mas procuremos senti-la de modo que seja algo efetivo e que nos percebamos parte do Mestre. Dessa maneira, compreenderemos facilmente como o amor é de fato a única força motora na Senda; que a intensidade de nosso amor e adoração pelo Mestre, o grau em que nos sentimos unos a Ele, é que torna possível a Ele nos tomar como discípulos.

Analogamente, mas em grau muito maior, expande-se nossa consciência quando tentamos nos sentir unidos à Grande Fraternidade e tratamos de experimentar algo da maravilhosa unidade daquela Consciência, que tem uma só Vontade – a Vontade do Rei[11] –, embora constituída por vários grandes Seres.

11 O autor chama *Rei* ao *mui* poderoso Chefe da Hierarquia Espiritual, também chamada Grande Fraternidade ou Governo Interno do Mundo, que dirige a evolução espiritual do nosso planeta. (N.T.)

Também nesse caso, quando pudermos realizar a unidade dessa Consciência, essa realização vai nos atrair e nos tornar unos com Ela; assim seremos conduzidos à primeira das grandes Iniciações.

O amor é como um ímã que nos atrai para o objeto amado e com ele nos identifica; e quando conseguimos realizar o amor do Ego e sentir como se dirige para todas as coisas, para todas as criaturas desse vasto mundo, não poderá deixar de nos conduzir para a meta da evolução – a união com a Divindade.

Quando sentirmos isso, então compreenderemos o significado da máxima oculta "crescei como crescem as flores". A flor se expande quando recebe os cálidos raios do Sol; e em seu anseio pela luz solar, cresce em direção a ele. O amor da flor pela luz do Sol é que a faz crescer; e da mesma maneira cresce a alma por seu amor à divina Luminosidade. Esse crescimento não requer esforço – não se trata de uma propulsão ou uma tensão nesse sentido. É uma concordância natural com o que amamos. Por isso, nosso amor tem de ser oniabarcante, sem nada excluir, fluindo generosamente para todas as coisas, pois nelas está a Vida divina que buscamos. Se excluirmos algo ou algum ser de nosso amor e de nós o separarmos, é à Vida divina que estaremos excluindo, e tornando mais difícil nossa união com Ela.

Pensemos no Cristo como o Coração dessa Unidade de todas as coisas; sintamos Seu amor como o amor que a todas as coisas enlaça; e amando a Cristo, amaremos a todas as coisas. Então começaremos a compreender a profunda verdade enunciada por Cristo ao dizer que tudo quanto fizermos pelo menor de nossos irmãos, por Ele o faremos.

Além disso, ao reconhecermos esse atributo particular do Ego, não havemos de ter uma simples contemplação ou conceito intelectual do amor, mas devemos sentir o amor do Ego, identificar-nos com esse amor; e então poderemos subir em suas asas e esferas superiores. Esse é um poder que devemos aprender a empregar conscientemente.

A VONTADE DO EGO

Em sequência, o próximo poder do Ego que devemos realizar como próprio é o poder da vontade, chamado *Atmā*[12] em Teosofia. Não se deve confundir esse poder verdadeiramente divino com o débil aspecto a que chamamos "vontade" na vida diária. Dificilmente acharíamos outra palavra cujo conceito esteja tão mal interpretado e violado. Empregamo-la quando realmente deveríamos dizer "anseio" ou "desejo"; falamos de pessoas que "têm fraca vontade" quando não existe tal vontade fraca; e aludimos ao "conflito de vontade" quando simplesmente tratamos do conflito de desejos egoístas.

Como mencionado anteriormente, Coué e Baudouin empregam a palavra "vontade" para expressar uma resistência ansiosa e frenética. E assim, mesmo numa das obras mais importantes da Psicologia moderna, esse conceito é confundido.

Antes de tudo, devemos abandonar a ideia generalizada de que a vontade *atua ou faz algo*, isto é, que levamos a cabo algo por um esforço de vontade. A atuação não é incumbência da vontade, mas de um distinto aspecto do Ego, o da atividade criadora. A vontade é o Governante, o Rei que diz "isso deve ser feito", mas que nada faz por si mesmo. Psicologicamente falando, a vontade é o poder de focar a consciência em algo com exclusão de qualquer outra coisa. Assim, vemos que a vontade é um poder extremamente sereno, tranquilo, imóvel; o poder de manter-se numa coisa e de suprimir todas as demais. Mas é um formidável poder, embora compreendido por poucos.

---

12 *Ātma*: o Espírito universal, a Mônada divina, o sétimo Princípio, assim chamado na constituição setenária do homem. A Alma suprema. (*Glossário Teosófico*, de Helena P. Blavatsky, Ed. Ground) (N.E.)

NÃO UMA VONTADE FRACA, MAS UMA IMAGINAÇÃO INDISCIPLINADA

Compreenderemos isso melhor se analisarmos alguns exemplos em que, segundo dizemos em linguagem corrente, não é suficientemente forte a nossa vontade. Imaginemos que decidimos nos levantar às seis horas da manhã. Quando chega a hora e despertamos, nos sentimos naturalmente sonolentos e preguiçosos. Se então empregássemos corretamente a vontade, não haveria dificuldade em nos levantar, porque manteríamos esse pensamento único, excluindo qualquer outra coisa, e não haveria conflito. Mas o que realmente fazemos é consentir que nossa imaginação criativa se entretenha com o problema de levantar-nos. Começamos a considerar, por um lado, a incômoda sensação de frio ao sairmos de nossa cama aquecida e o quanto será desconfortável nos vestirmos sem a luz do dia; e, por outro lado, imaginamos quão agradável seria permanecermos um pouco mais na cama e voltarmos a dormir.

Assim, criamos imagens que tendem naturalmente a se concretizarem em ato, fazendo-nos permanecer na cama. Quando começamos a resistir, a resistência é muito débil. E mesmo se formos vencedores, teremos colocado diante de nós próprios uma luta inteiramente desnecessária, consumindo vitalidade, e que teria sido facilmente evitada se houvéssemos compreendido a verdadeira função da vontade. Ao não levantarmos, teremos demonstrado sinais não de uma vontade fraca, mas de uma imaginação indisciplinada. O reto uso da vontade seria o de manter o pensamento criativo, ou imaginação, centrado, focalizado em uma única ideia: de levantar-nos da cama, com exclusão de qualquer outro pensamento. Dessa maneira, não permitiríamos que a imaginação jogasse com tais pensamentos, como o incômodo de nos levantar e a comodidade de permanecer na cama, e assim não encontraríamos nenhuma dificuldade em nos levantar imediatamente.

Por certo, Hamlet expressou uma profunda verdade psicológica quando disse que "o matiz nativo da resolução se descolora com a pálida influência do pensamento". É a força da vontade interior, para manter a consciência focada em um único ponto de interesse e excluir qualquer ideia, sentimento, pessoa ou influência, que irá intervir e não permitir a tentação ao desvio.

Citemos outro exemplo. Muitos de nós conhecemos, por experiência, a desagradável sensação que nos surpreende quando estamos a ponto de nos atirar à água de grande altura. Determinamo-nos a saltar, mas no momento crítico titubeamos e necessitamos de algum tempo para nos armarmos de valor e nos lançarmos à água. O que realmente ocorreu é que permitimos que a imaginação criasse uma imagem aterrorizante do mergulho que estamos para fazer e da conveniência de não o fazermos. Tendo criado a imagem, nos vemos naturalmente impedidos por ela, e o salto na água começa a nos trazer terror, ao passo que antes nos parecia tão atrativo. O meio de evitar a vacilação é novamente manter focalizada a vontade no lançamento à água e excluir todo pensamento, sentimento ou influência que possam impedi-lo. Então descobrimos que não há dificuldade em simplesmente realizar nosso propósito.

O EMPREGO DA VONTADE EM OCULTISMO

Quando aplicamos tudo isso no emprego da vontade para chegar à meta da perfeição, vemos facilmente porque tão amiúde fracassamos. Determinamo-nos a alcançar o objetivo, atingir aquilo que é nosso destino espiritual. Ao fazê-lo, traçamos uma linha de conduta segundo certos princípios que consideramos essenciais. Pois bem; se apenas mantivermos a vontade focada nesse único propósito, com exclusão de tudo quanto ameace contrariá-lo, não depararemos com dificuldades nem conflitos. O que em realidade fazemos é que, quando se nos oferece ocasião de seguir a linha de conduta que nós traçamos, começamos a pensar nas vantagens e desvantagens, no agradável e no desagradável da ação particular que nos propusemos realizar. E uma vez criadas as imagens mentais ou formas-pensamento, como as chamamos, nós as fortalecemos com emoção ou desejo, de modo que se tornam obstáculos em nosso caminho quando tentamos cumprir nossa intenção original. Começa então a luta com todos os seus males adjacentes, com sofrimento próprio, fadiga dos corpos e o risco de fracassarmos no empreendimento. Tudo isso é não apenas inadequado mas também dispensável.

Quando usamos a vontade como ela deve ser empregada, para abraçar um propósito e nada mais, não há dificuldade. Mas no momento em que permitirmos que a interferência ou influência de um pensamento entre em nossa consciência e requeira sua atenção, estaremos perdidos. Sem dúvida, devemos considerar as circunstâncias empregando sempre o bom senso e o julgamento deliberado, mas não devemos consentir que influências estranhas nos desviem de nossa linha de conduta.

Portanto, tratemos de realizar essa vontade em nosso interior; percebamos que ela ocupa nossa consciência tal qual uma deslumbrante luz branca; sintamos que ela é irresistível, com o poder de manter firme um propósito até atingi-lo.

Uma vez reconhecido e experimentado esse genuíno poder da vontade, jamais poderemos falar de vontade fraca! Trata-se de um poder verdadeiramente divino. E a menos que compreendamos sua função e seu significado em nossa vida, não poderemos cumprir nosso destino.

Assim, empreguemos o poder da vontade para manter em nossa consciência um único propósito: a perfeição para o bem do mundo. Tal deve ser nossa absorvente e dominante paixão, sem consentir que nada a contrarie. Não pensemos que se trate de um desejo egoísta. Se assim o pensarmos, não teremos penetrado o mundo do Ego e realizado a Unidade.

Somente quando compreendemos, quando reconhecemos que toda a criação é completa e indestrutivelmente una, é que percebemos a impossibilidade da salvação individual. Salvação ou perfeição significa união com a Vida divina presente em todas as coisas e, portanto, nunca pode ser individual e restringida a uns tantos eleitos. O êxito de um é o êxito de todos. Quando um ser humano conquista o Adeptado[13], nele toda a humanidade, toda a criação triunfa. E um novo cordão vem ligar a humanidade de volta a Deus; surge um novo poder para aliviar a carga dos sofrimentos do mundo. Quando na *Divina Comédia* de Dante uma alma sai do Purgatório e entra no Paraíso, todo o Monte do Purgatório se estremece de júbilo. Isso é literalmente verdadeiro: o êxito de um ser humano é alegria para toda a criação, e nunca um êxito individual. O anelo de perfeição é o anseio de desvanecer a ilusão da separatividade e reconhecer a realidade da vida universal; portanto, egoísmo e perfeição são mutuamente excludentes.

Assim, procuremos empregar em benefício de todos os seres esse poder verdadeiramente divino que todos possuímos, e mantenhamos a consciência focada na ideia de perfeição; e que essa ideia predomine em tudo quanto fizermos. No princípio nos será um tanto difícil efetuar nossas tarefas cotidianas enquanto mantemos a consciência focada nos propósitos superiores; mas não tardaremos em adquirir esse hábito, e o anseio de perfeição será o fundo permanente sobre o qual o modelo de nossa vida diária será tecido.

Somos a Senda

Em certo sentido, somos já perfeitos e divinos nesse exato momento. Nosso verdadeiro Eu, nosso verdadeiro Ser não é o fugaz e sempre mutável vislumbre que chamamos presente, senão que abarca todo o nosso passado e todo o nosso futuro. É o completo existir com todo o seu ciclo de evolução nele contido. Assim é que somos tanto homens primitivos quanto homens perfeitos; e aquilo por que nos esforçamos, em realidade, já é nosso; *o segredo da evolução consiste em nos tornarmos o que somos.* Somente assim podemos compreender o significado de outras máximas ocultis-

13 *Adeptado*: estado de Adepto, do latim *Adeptus*, aquele que, após inúmeras reencarnações, alcançou a condição de Homem Perfeito, como é dito em Efésios IV; 13, "até que todos nós alcancemos a unidade da fé, o conhecimento do Filho de Deus, o estado de homem perfeito, a plena medida da estatura do Cristo". (N. E.)

tas, como a de que "nós mesmos devemos nos tornar a Senda". Isso é a completa verdade e, contudo, só a compreendemos quando em nossa consciência como Egos consideramos a meta, o desígnio de perfeição, a conquista do Adeptado, não como algo estranho e muito distante, do qual temos de nos aproximar de fora, mas como nossa divindade interior, nosso próprio Ser mais íntimo.

Quando reconhecermos o que significa converter-nos na Senda, também saberemos que nada terreno poderá se interpor entre nós e nossa meta, pois a vimos e nos tornamos unos com ela. É como se houvéssemos visto nossa própria divindade e como se a meta estivesse no centro de nosso Ser. A Senda de Perfeição se converte, então, no desenvolvimento de nossa divindade.

O Poder do Pensamento Criador

Realizados os poderes de amor e vontade, devemos agora descobrir o terceiro poder capital do Ego: o poder do pensamento criador ou *Manas*[14], como o denomina a Teosofia. O pensamento humano é a manifestação do Espírito Santo, assim como a vontade é a manifestação do Pai, e o amor, a do Filho. O Espírito Santo é o aspecto ou pessoa da criadora atividade de Deus, o Criador; e quando realizamos esse poder em nós, nos sentimos inspirados e possuídos da ilimitada qualidade criadora, do poder da ação. Em nós, só o pensamento atua, só o pensamento cria e executa os mandatos da vontade. Se a vontade é o rei, o pensamento é o primeiro-ministro, e a atividade de nosso pensamento criador deve se dirigida sempre pela vontade.

O poder criador do pensamento parece ser ilimitado; e uma vez o tenhamos realizado, sabemos que como Egos podemos "fazer tudo"; sentimos em nosso interior uma ilimitada energia criadora para levar a cabo tudo quanto decretar a vontade. Somente quando esse terceiro poder, o pensamento criador ou imaginação, está em

14 *Manas*: termo sânscrito que literalmente significa "a mente", a faculdade mental, que faz do homem um ser inteligente e moral e o distingue dos seres brutos. (N. E.)

funcionamento é que a realização se dá em ação. Por essa razão esse poder é muito perigoso ao homem até que ele tenha compreendido que deve dirigi-lo conscientemente, pois, do contrário, é a sua natureza inferior que o fará; e o homem, assim, se tornará escravo dela.

EMPREGO DOS TRÊS PODERES

Tais são os três poderes do Ego, ou melhor, seu trino poder, porque os três aspectos se consubstanciam em um e constituem uma verdadeira trindade. Uma vez realizados os três poderes e experimentado o seu emprego na magna obra de aperfeiçoamento, vejamos agora como usá-los simultaneamente – que é como devem ser usados, em trina unidade. Temos de empregar a vontade no propósito único de conseguir a perfeição em benefício do mundo; temos de empregar o amor para sermos unos com nosso propósito, para fazermos parte dele; e temos de empregar o pensamento para criá-lo e cumpri-lo. Só quando se empregam simultaneamente os três poderes é que se consegue o resultado, e então tudo podemos alcançar, pois o poder do Ego é divino e, portanto, ilimitado.

Não se trata, porém, de algo que temos de fazer somente em momentos ocasionais; há de ser uma atividade habitual, contínua, seja qual for nossa ocupação. O segredo do êxito espiritual está em que, nos reconhecendo como Ego e conscientes de nossos poderes como tal, já não mais devemos retroceder às rotinas da simples consciência corporal; temos de manter o nível superior alcançado, embora no princípio nos pareça que para isso teremos de fazer um esforço sobre-humano.

O diagrama de nossa vida espiritual mostra frequentemente uma série contínua de subidas e descidas. Alcançamos uma altura espiritual tão só para descer imediatamente ao antigo nível. Mas se quisermos vencer, não devemos nos afetar por isso. Quando pela meditação ou qualquer outro meio nos sobrevenha o raro momento de exaltação espiritual, devemos nos atar a esse estado com tenacidade, mantendo-nos no nível alcançado e prescindindo de tudo o mais. Nos primeiros dias talvez seja necessário um doloroso esforço; mas não tardaremos em nos acostumar, e poderemos executar nossas tarefas usuais a partir do novo nível alcançado. Afinal, estamos agora em nosso verdadeiro Lar, não em um recinto alheio no qual tenhamos que solicitar entrada, mas em nosso próprio Lar divino, que havíamos temporariamente esquecido.

CAPÍTULO V

A VOLTA DO EXILADO

Ao nos reconhecermos como Egos, podemos olhar os três corpos e decidir que sejam apenas nossos servos nos três mundos de ilusão, e nada mais. Já não desceremos a eles; já não voltaremos a nos emaranhar naqueles mundos de ilusão. Já não tornaremos a nos identificar com os três corpos, nem permitiremos que a consciência elemental se apodere da consciência do Ego e a domine. Temos de permanecer no cume da montanha, vendo diante de nós a ilimitada perspectiva da vida; e do alto devemos pensar, sentir e agir. É possível e devemos fazê-lo.

Do topo da montanha, pensemos em nossos três corpos. Vejamos nosso corpo mental purificado da futilidade das imagens mentais medíocres. E, a partir de nosso *interior*, formemos nele uma potente forma-pensamento de perfeição *em benefício do mundo.* Mantenhamos continuamente essa imagem com parte de nossa vontade, sem consentir que se desvaneça, porque é a forma-pensamento que de agora em diante tem de governar nossa vida diária. Mantenhamos dessa maneira o corpo mental, ordenando-lhe que no futuro, qualquer que seja a tentação externa, nenhuma forma-pensamento, nenhuma imagem mental seja formada sem nosso consentimento.

Em seguida, olhemos nosso corpo astral e nos determinemos a mantê-lo tal como o vimos, vivificado a partir do interior pelas emoções do Eu. Inundemo-lo de amor a todos os seres, de devoção, de compaixão, de aspiração espiritual. Vejamos irradiar esses sentimentos do centro desse corpo, vibrando com essa nova pulsação de vida; e nos determinemos a não mais consentir que nosso corpo astral seja influenciado pelo *exterior*.

Vejamos agora nosso corpo físico com sua contraparte etérica, e resolvamos que de agora em diante sejam também instrumentos da vontade. Percebamos como a vontade se manifesta por meio desses corpos, como a divina energia do Ser flui no corpo físico, e o sintamos regenerado a partir do interior. Essa é a verdade da regeneração do corpo físico: quando o reconhecermos como veículo de *Atmā*, o corpo físico se renovará, será vigoroso e são, livre de enfermidades e de quantas tribulações o conturbam enquanto meramente parte do mundo físico. Retiremo-lo dessa escravidão; ele tem que estar no mundo físico, mas sem pertencer a esse mundo. Seu laço mais estreito tem de ligá-lo ao Eu, e não ao mundo.

Nossos três corpos têm que estar sujeitos ao Ser, cujos poderes têm que ser irradiados através deles. Façamos deles canais apropriados à trina energia do Ego, sem enredar-nos jamais neles, mas nos mantendo continuamente no cume da montanha e dali contemplando os mundos inferiores.

Desse modo, será a nossa vida completamente feliz e venceremos toda dificuldade; pois como pode haver discórdia quando realizamos a divindade de nosso Ser? Daí por diante, quando ocorrerem aqueles mesmos eventos que nos causavam tantos dissabores e sofrimentos – porque nos permitíamos identificar com os corpos –, já não haverá mais conflito, por termos alcançado a realização como Ego. Já teremos criado o pensamento único de perfeição que domina nosso corpo mental, e nada poderá nos afligir porque é da lei que não possam prevalecer ao mesmo tempo duas imagens ou pensamentos no corpo mental. Enquanto mantemos essa imagem mental de perfeição, podemos nos ocupar de nosso trabalho cotidiano e ela continuará dominante; nada mais poderá se apoderar de nosso corpo mental e moldá-lo em uma forma que não queremos.

De agora em diante, portanto, temos de viver a partir de nosso interior; não mais permitiremos que nossos corpos se apossem de nossa consciência e obscureçam nosso discernimento do Ser. Determinemos que nós – a Alma, o Ego –, restituídos a nosso divino Lar, permaneçamos ali. Não voltemos a incorrer no erro de nos permitir descer a um nível ao qual não pertencemos. Não tenhamos medo de nos denominar divinos. Não há presunção nisso nem tampouco orgulho, pois orgulho é separatividade, e uma vez que tenhamos nos realizado como Egos, nos sentimos dissolvidos no mar da consciência, nos reconhecemos unos com a vasta consciência, oniabarcante, de forma que o pensamento de separatividade é impróprio. Estamos livres dessa ilusão pois sabemos que tudo que fazemos é feito através de nós; e quando sentimos, pensamos e agimos, é a vida do Ser que flui ao mundo através desses canais.

Demais, nesse estado de consciência, nos reconhecemos unos com o Mestre; participamos da beatitude de Sua presença, e em Sua presença tudo se torna claro e simples. Em Sua presença, não pode haver outro desejo que o de nos unirmos mais estreitamente a Ele. Em Sua presença, é impossível tomar as atitudes mesquinhas e repulsivas que tivemos no passado. Em Sua presença, só trataremos de ser grandiosos como Ele o é, em nossas emoções e pensamentos, e divinos como divino é Ele.

Assim, o caminho do Ego é o caminho da Iniciação, que significa a união permanente da consciência do Ego – até então encarnada e identificada aos corpos – à Consciência universal, da qual estava apartada. É o começo de uma nova vida; a vida consciente do Ego, ainda atuando por meio dos três corpos.

As qualidades requeridas para a Iniciação têm sido expostas de diferentes maneiras; mas quando houvermos adquirido permanentemente a consciência do Ego, necessariamente teremos também adquirido essas qualidades. A consciência do Ego traz Discernimento, pois vemos a vida a partir do mundo do Ego, na perspectiva da verdade. À consciência do Ego acompanha a Ausência de Desejos, porque quando a consciência encarnada se desprende dos corpos que a dominavam, esses corpos já não seguem seus próprios desejos, mas obedecem à vontade do Ego. A consciência do Ego equivale a Boa Conduta, pois nosso comportamento já não é o da consciência escravizada pelos corpos, mas a conduta do próprio Ego, que é necessariamente benévola. A consciência do Ego se traduz em Amor, na mais ampla acepção, porque o mundo do Ego é o mundo da Unidade, e não podemos alcançar a consciência Egoica sem nos sentirmos em unidade com tudo que existe.

A prática da presença do Ego, além de nos conduzir ao objetivo imediato de nossa evolução, que é a Iniciação, envolve em si sua própria recompensa, pois quem a alcança desfruta de permanente e profundo contentamento, poder e paz. Nisso consiste o começo de uma nova vida.

Todos nós podemos chegar a essa realização; todos nós podemos reivindicar o que já somos. Não se trata de algo estranho ou externo a nós que tenhamos de conquistar. Temos, unicamente, de entrar no mundo a que pertencemos; apenas reivindicar o que verdadeiramente somos.

Assim, pois, regozijemo-nos em nossa divindade, reivindiquemos nossa divina herança, e decidamo-nos a voltar à nossa terra natal, donde fomos exilados por milhares de anos para esses mundos de trevas e sofrimento. E que a bênção dos Mestres a Quem servimos recaia em nós; que Seu amor nos proteja e ampare até que estejamos onde Eles estão, até que também alcancemos o estado do Homem Perfeito.

EPÍLOGO

A exploração do mundo de nossa consciência, tão pouco conhecido à maioria das pessoas, é necessária para quem queira reconhecer-se tal como realmente é – o Ego residente em seu próprio mundo, usando os três corpos como veículos de sua consciência, mas sem se deixar ser usado por eles.

Com efeito, a mística jornada descrita nas páginas precedentes é um exercício a ser praticado por todos os aspirantes, até que sejam tão proficientes nele que possam manter a consciência Egoica continuamente. Uma vez alcançado o nível do Ego, o ideal é que possamos permanecer nele e nos recusemos a voltar aos rotineiros caminhos da escravidão aos corpos. Há os que alcançam êxito na primeira vez que praticam esse exercício; outros podem ser tomados por alguma excitação ou transtorno sem percepção e recair na antiga atitude antes que tenham tempo de se prevenir. Em ambos os casos, a prática regular da consciência do Ego é uma necessidade. No primeiro caso, para conservar o que foi conquistado; e no segundo, para remediar o que está em risco de se perder.

Embora nos capítulos precedentes tenham sido dadas muitas explicações em diferentes aspectos, talvez aqueles que tentarem praticá-lo perceberão que esse exercício espiritual não é tão fácil. Portanto, não será demais repetir os principais pontos do treinamento como um roteiro de prova para os que estão em busca da consciência Egoica. Deve-se entender que há muitos meios de atingir o mesmo fim; e o que temos descrito se revelou eficaz em muitos casos, adequando-se a pessoas de distintos temperamentos. Em vez de meditação, prefiro chamá-lo *exercício*, embora toda meditação deva ser um exercício. Se for feito por um grupo de pessoas, convirá que uma delas oriente em voz baixa as etapas do exercício para que se façam simultaneamente todos os esforços. Como em toda meditação, a comodidade do corpo físico é mais vantajosa que a austeridade de algumas posturas orientais; e será bom escolher um lugar quieto e tranquilo, ao abrigo de toda perturbação.

A Meditação do Ego

Se o exercício é feito em grupo, comecemos pensando na unidade desse grupo, tratando de experimentar essa unidade.

Depois pensemos em algum ideal elevado, preferencialmente um Mestre de Sabedoria[15], buscando sentir amor e devoção por Ele.

Em seguida, pensemos no corpo físico e o vejamos como nosso servo no mundo físico; e o consideremos saudável e forte, vitalizado desde o interior.

Retiremos o centro de consciência do corpo físico, tanto da parte densa quanto da etérica, e contemplemos o corpo astral. Limpemo-lo de toda emoção e desejos transitórios, e manifestemos emoções superiores por meio dele. Sintamos amor por todas as criaturas, devoção pelo Altíssimo, compaixão pelos que sofrem, e aspirações espirituais. Deixemos que essas emoções irradiem continuamente do corpo astral.

Retiremos do corpo astral o centro da consciência e contemplemos o corpo mental. Purifiquemo-lo de toda imagem mental e formas-pensamento, e iluminemo-lo com a luz da mente superior, de modo que essa luz irradie de todo o corpo mental.

Criemos no corpo mental nossa própria imagem como se fôssemos homens perfeitos em amor, vontade e pensamento, e preenchamos o corpo mental com essa imagem.

---

15 *Mestre da Sabedoria:* na Filosofia Esotérica, é Aquele que atingiu a quinta grande Iniciação e que na terminologia hindu é chamado *Aseka* – aquele que nada mais tem a aprender nesse mundo. É o Cristo que "ressurgiu e ascendeu dentre os mortos" (N. T.).

Retiremos também do corpo mental o centro da consciência, e consideremos que os três corpos são instrumentos perfeitamente controlados, em poder do Ego.

Agora nos reconheçamos como Egos, concentremos nossa consciência n'Ele; e compreendamos que somos o Ego, residente em seu próprio mundo de júbilo e beleza. Sintamos o contentamento e a liberdade, vejamos o esplendor de nosso próprio mundo, e reconheçamos que é nosso verdadeiro Lar.

Em seguida, percebamos os poderes do Ego. Primeiramente, seu poder de amor da unidade com todas as coisas. Sintamos unidade com o Mestre, como parte de Sua consciência.

Sintamos a unidade da Grande Fraternidade, aquela potente Consciência que permeia todo o mundo, e compreendamos que todos os seres são um só, inteiramente unos nessa Consciência. Assim, sintamo-nos unidos a toda vida, à Natureza inteira, a toda a humanidade. Amemos a todos os seres, e sintamos nossa consciência dissipada na Consciência universal.

Sintamos a beatitude dessa unidade; impelidos por esse amor, compreendamos que chegaremos ao coração de tudo, ao amor de Cristo; e sintamo-nos parte de Sua Vida e de Seu amor.

Agora, reconheçamos a vontade do Ego – *Ātma* e sintamos que essa vontade inunda nossa consciência como penetrante luz de irresistível poder.

Empreguemos a vontade com o único propósito de "perfeição em benefício do mundo", excluindo tudo o mais, preenchendo nossa consciência com esse único objetivo, até nos tornarmos ele próprio.

Depois, reconheçamos *Manas*, a energia criadora do Ego. Sintamos essa ilimitada energia e a empreguemos para criar a ideia de perfeição preenchida pelo poder criador, de forma que se concretize.

Feito isso, apliquemos conjuntamente os três poderes: a vontade, para determinar o único propósito de perfeição em benefício do mundo; o amor, para nos identificar com esse propósito; e o pensamento, para criá-lo e realizá-lo. Persistamos nessa obra.

Agora, reconheçamos novamente que somos o Ego. Tratemos de ver a beatitude de nosso próprio mundo e de nossa própria beleza nesse mundo, e nos determinemos a manter esse estado de consciência Egoica, suceda o que suceder durante o dia.

Em seguida, contemplemos os três corpos, mas sem infundir-nos novamente neles. Inicialmente, o corpo mental, de modo que o iluminemos com a luz da mente superior e formemos nele nossa imagem como homem perfeito.

Contemplemos então o corpo emocional, e manifestemos por seu intermédio as emoções do Ego – amor a todos os seres, devoção pelo Altíssimo, compaixão pelos que sofrem e aspiração espiritual –, deixando que essas emoções irradiem continuamente do corpo emocional.

Finalmente, contemplemos o corpo físico com sua contraparte etérica e o vejamos como expressão da vontade, *Ātma*; regeneremo-lo determinando que seja saudável e forte, irradiando para fora a vitalidade de nosso interior.

Mantenhamos assim os três corpos como perfeitos canais da energia divina, de sorte que por eles se manifestem os poderes do Ego.

Mas sempre e em toda circunstância, reconheçamos que somos o Ego e mantenhamos incessantemente a consciência Egoica.

Por último, derramemos uma bênção espiritual sobre o mundo circundante valendo-nos dos poderes que compreendemos.

Ao finalizar o exercício, não retornemos de imediato à consciência corporal ordinária, mas tentemos manter a consciência Egoica durante todo aquele dia, focando nela parte de nossa atenção enquanto ocupados nas tarefas da vida diária.

Livros para Viver Melhor

Clarividência

Autor: C.W. Leadbeater
Tradução de Fernando Pessoa

O autor apresenta neste livro as três divisões da clarividência, a saber : a simples, que é a mera expansão da visão ao que ocorra estar ao redor do vidente; a clarividência no espaço, o poder de projetar a visão em direção as cenas ou acontecimentos afastados do vidente no espaço; e por último, a clarividência no tempo, ou seja, o poder de ver o passado e o futuro. Também estão aqui colocados os métodos de desenvolvimento e seu domínio.

Fica aqui o leitor convidado a participar dessa investigação, inicialmente pela leitura da belíssima tradução de Fernando Pessoa que enriquece esta edição, mas também abrindo gradualmente o portal para as dimensões superiores de seu Ser, por meio de uma transformação que leva a uma visão mais ampla da vida.

Ocultismo Prático

H. P. Blavatsky
(livro de bolso)

Este livro traz uma profunda compreensão do verdadeiro Ocultismo. C.W. Leadbeater o definiu como "o estudo do lado oculto da Natureza em sua totalidade", e não apenas do que percebem nossos sentidos. "É exatamente esta concepção das vastas possibilidades da vida humana que é necessária para aniquilar o tédio, e para transformar a apatia em alegria de viver.